BEI GRIN MACHT SICH IHR WISSEN BEZAHLT

- Wir veröffentlichen Ihre Hausarbeit, Bachelor- und Masterarbeit

- Ihr eigenes eBook und Buch - weltweit in allen wichtigen Shops

- Verdienen Sie an jedem Verkauf

Jetzt bei www.GRIN.com hochladen und kostenlos publizieren

Jakob Wassermann

Faustina. Ein Gespräch über die Liebe

GRIN Verlag

Bibliografische Information der Deutschen Nationalbibliothek:

Die Deutsche Bibliothek verzeichnet diese Publikation in der Deutschen Nationalbibliografie; detaillierte bibliografische Daten sind im Internet über http://dnb.d-nb.de/ abrufbar.

Dieses Werk sowie alle darin enthaltenen einzelnen Beiträge und Abbildungen sind urheberrechtlich geschützt. Jede Verwertung, die nicht ausdrücklich vom Urheberrechtsschutz zugelassen ist, bedarf der vorherigen Zustimmung des Verlages. Das gilt insbesondere für Vervielfältigungen, Bearbeitungen, Übersetzungen, Mikroverfilmungen, Auswertungen durch Datenbanken und für die Einspeicherung und Verarbeitung in elektronische Systeme. Alle Rechte, auch die des auszugsweisen Nachdrucks, der fotomechanischen Wiedergabe (einschließlich Mikrokopie) sowie der Auswertung durch Datenbanken oder ähnliche Einrichtungen, vorbehalten.

Impressum:

Copyright © 2008 GRIN Verlag GmbH
Druck und Bindung: Books on Demand GmbH, Norderstedt Germany
ISBN: 978-3-640-23581-0

Dieses Buch bei GRIN:

http://www.grin.com/de/e-book/120173/faustina-ein-gespraech-ueber-die-liebe

GRIN - Your knowledge has value

Der GRIN Verlag publiziert seit 1998 wissenschaftliche Arbeiten von Studenten, Hochschullehrern und anderen Akademikern als eBook und gedrucktes Buch. Die Verlagswebsite www.grin.com ist die ideale Plattform zur Veröffentlichung von Hausarbeiten, Abschlussarbeiten, wissenschaftlichen Aufsätzen, Dissertationen und Fachbüchern.

Besuchen Sie uns im Internet:

http://www.grin.com/

http://www.facebook.com/grincom

http://www.twitter.com/grin_com

Jakob Wassermann

Faustina

Ein Gespräch über die Liebe

[erstmalig erschienen 1912]

Vor Jahren hatte in einem geselligen Kreis, in dem ich damals verkehrte, die junge C. viel Aufsehen gemacht. Abkömmling einer alten Adelsfamilie, hatte sie sich, kaum zwanzig Jahre alt, von dem Zwang und Drill ihrer Welt befreit, um, wie sie sich ausdrückte, »selbst« zu leben. Die Ungebundenheit ihrer Lebensführung war in der Tat erstaunlich. Eine Zeitlang kämpfte sie im größten Elend; plötzlich ging sie zum Theater, dort heiratete sie einen Schauspieler, von dem sie sich nach dreimonatlicher Ehe wieder trennte. Um Geld zu verdienen, übersetzte sie mittelmäßige Romane aus dem Französischen. Eines Tages hieß es, sie sei mit einem reichen Brasilianer verlobt und mit ihm in seine Heimat gereist. Aber schon nach Jahresfrist kam sie zurück, – ohne Brasilianer, leider genau so arm wie zuvor.

In dieser Zeit näherte ich mich ihr. Wir hatten uns ziemlich viel zu sagen. Faustina, so wurde sie meist kurzweg genannt, war geistreich, und, was mehr ist, ihr Geist hatte Fundamente. Sie war schön und sie war exzentrisch; nimmt man aber dies Wort in genauem Sinn, so hatte sie mehr Mittelpunkt als diejenigen, in deren Bezirk sie sich fremd erschien. Ob sie auch immer anziehend war, lasse ich dahingestellt; eine Fremde war sie durchaus, stets fremd, nie bürgerlich vertraut, höchstens seelisch verwandt. Zur Abenteurin fehlte ihr die Skrupellosigkeit und um eine große Dame zu sein, war sie zu ruhelos und zu voll von Opposition.

Wieder eines Tages war Faustina verschwunden. Sie verabschiedete sich nicht einmal von mir. Niemand wußte, wohin sie gegangen war, und sie blieb verschollen. Man vergaß sie, auch ich verlor sie beinahe aus dem Gedächtnis. Da, wiederum nach Jahren, begegne ich ihr plötzlich auf der Straße. Sie gewahrt mich, sie zögert, ich mache Miene, sie anzureden, sie grüßt und geht weiter. Kurz darauf erhielt ich ein Billett von ihr mit der Aufforderung, sie zu einer bestimmten Abendstunde zu besuchen.

Sie wohnte in einer Vorstadtpension. Ich trat in ein Zimmer, das die übliche Halbeleganz fliegender Quartiere aufwies. Faustina war noch immer schön, aber wie von einem sich entlaubenden Baum kann man auch von dem Herbst eines menschlichen Gesichts sprechen. Ohne Zweifel las sie in meinem Gebaren, daß ihre lakonische Einladung eher geeignet war, Neugier zu erregen als an freundliche Beziehungen zu erinnern. »Die Sache ist die, daß ich ganz ausgehungert darnach bin, mit einem vernünftigen Menschen zu reden«, sagte sie. »Ich habe berechnet, daß ich seit siebzehn Monaten bloß mit Kellnern, Kutschern, Zimmervermieterinnen, Hausmeistern und Ladenmamsellen gesprochen habe. Das heißt doch leben, wie? Daß ich so viel Talent zur wandelnden Mumie besitze, wer hätte das gedacht.«

»Sie haben immer zu überraschen verstanden, Faustina«, versetzte ich ablenkend.

»Als ich Sie auf der Straße sah,« fuhr sie fort, »hatte ich ein Gefühl just wie Robinson, als er das erste Schiff vor seiner Insel gewahrte.«

»Und doch sind Sie davongelaufen, gar nicht wie Robinson, sondern wie Freitag, der scheue Wilde.«

»Ja; scheu bin ich geworden. Wenn ich wenigstens schreiben oder musizieren könnte Den Kunstdilettanten bietet die Welt immer noch Lockungen, und von allem, was im Menschen abzutöten ist, stirbt die Eitelkeit zuletzt. Aber leider, ich bin stumm geboren, und der bloße Kunstgenuß quält den Stummen manchmal mehr, als er ihn beruhigt.«

»Ich wundre mich, Faustina. Sie waren doch stets obenauf. Eine richtige, tüchtige Schwimmerin waren Sie. Haben Sie denn keine Arbeit, keine Betätigung mehr?«

»Ich finde es langweilig, zu arbeiten. Was kommt dabei heraus? Eine Art von Trunkenheit und Selbstbetrug bestenfalls. Arbeiten, wie das klingt Dem Leben mit Gewalt ein Versprechen abnötigen Ich brauche keine Versprechungen mehr, ich glaube an keine mehr. Vorläufig hab ich noch ein bißchen Kapital, meine Eltern sind nämlich gestorben, und man hat mir den Pflichtteil ausbezahlt. Aber von den Zinsen könnt ich nicht leben, das würde höchstens für eine Büchse Kaviar im Monat reichen.«

»Also ist am Ende Ihre Einsamkeit ein ökonomisches Prinzip?«

»Um Gottes willen, wer wird so philisterhaft denken.«

»Und da treiben Sie sich nun mutterseelenallein herum, ohne Genossin, ohne Freundin –?«

»Ach was, Freundin Ich habe keine Freundin, habe nie eine gehabt. Eine Frau hat niemals eine Freundin.«

»Aber die Freunde, Faustina Sie ließen mich einmal glauben, daß ich Ihr Freund sei.«

»So? Wirklich? Mag sein, doch ich ärgerte mich, daß Ihnen keinen Augenblick lang der Einfall kam, etwas anderes sein zu wollen.«

Sie lachte über mein verdutztes Gesicht und fuhr fort: »Spricht man hingegen nicht vom Freund, sondern von den Freunden, so muß ich gestehen, daß ich für solche Beziehungen nicht viel übrig habe. Die Freunde, das sind Wesen von einer geradezu lächerlichen Gefräßigkeit. Sie verdauen schneller als die Hühner, und sie bleiben immer mager, ihr Herz bleibt immer mager.«

»Dennoch, Faustina, mit Menschen verbunden zu sein, bleibt der schönste Vorzug des Menschen. Einen isolierten Zustand schadlos zu ertragen, dazu gehört schon eine ungewöhnliche Seelenstärke.«

»Mag sein, mag sein«, erwiderte Faustina, und sie lächelte unbestimmt vor sich hin.

»Offengestanden, hätte ich nicht erwartet, Sie so zu finden«, fuhr ich fort. »Ich dachte Sie mir in großen Erlebnissen. Eine Gestrandete, oder wie Sie sagen, einen Robinson, nein, das hatte ich nicht erwartet. Faustina unentflammt, Faustina ohne Liebe, ohne Verliebtheit, Faustina einsam, was hat das zu bedeuten?«

Sie sah mich lange schweigend an, bevor sie antwortete. »Was kann es andres zu bedeuten haben, bester Freund, als daß für Faustina keine Liebe mehr da ist? Fertig, Freund, fertig Abgewirtschaftet Die Rahel Varnhagen, die ja eine grundgescheite Person war, hat es einmal als besondere Genialität Goethes gepriesen, daß er im Wilhelm Meister die drei Frauen, die lieben können, – Marianne, Aurelie und Mignon, – sterben läßt; denn, sagte sie, es ist noch keine Anstalt für solche da. Sehr tiefsinnig: es ist noch keine Anstalt für solche da Sie schweigen? Sie meinen, ich lebe ja. Gewiß, ich lebe, aber wie, das sehen Sie doch. Ehemals, da spürte ich nur mein eigenes Feuer, jetzt empfinde ich die ganze Kälte des Zeitalters. Vielleicht ist es mein Mißgeschick, für eine Epoche geboren zu sein, in der die Liebe nur ein artistischer Begriff ist.«

»Verallgemeinerungen sind töricht. Man muß sich, Faustina, vor der Manier der Malkontenten hüten. Der Malkontente nämlich, das ist ein Mensch, der aus seiner persönlichen Unfähigkeit eine Weltanschauung macht.«

»Sie sind sehr deutlich, mein Lieber. Ich bin aber keine Malkontente. Malkontente opfern sich nicht.«

»Haben Sie sich denn geopfert?«

»Wenn es opfern heißt, zu lieben, wahrhaft zu lieben, sich wegzuwerfen —«

»Sich wegzuwerfen, das heißt nicht lieben und das heißt nicht sich opfern. Doch wir verstimmen uns im Wesenlosen. Erzählen Sie mir. Erzählen Sie mir von Ihrem bisherigen Leben. Es gibt nichts Überzeugenderes als das Erlebnis, Faustina, nichts Unbedingteres als die Art, wie ein Mensch von Erlebnissen sie vorzutragen weiß.«

»Um keinen Preis. Ich kann nicht von mir sprechen, solang Sie argwöhnen, daß ich meine persönlichen Enttäuschungen gewissermaßen an der Zeit rächen möchte.«

»Es ist schwer, liebe Freundin, und nicht einmal dem Glücklichen gelingt es, Zeit und Schicksal auseinanderzuhalten.«

»Was wäre auch zu erzählen«, versetzte Faustina. »Eine Geschichte wie hundert andere. Wenn ich Ihre Erwartungen in bezug auf meine Person betrüge, so ist das Ihre Schuld.«

»Sie sagen, Sie hätten geliebt und sich weggeworfen. Darin liegt mehr Schuld, als Sie glauben.«

»Ich habe keine Schuld. Oder sind übertriebene Hoffnungen eine Schuld? Bin ich dafür verantwortlich, daß eure Gesellschaft, wie sie nun einmal ist, Liebe nicht mehr gewährt, daß für die Liebe kein Platz mehr in ihr ist? Sie schütteln den Kopf, und doch ist es so. Gibt es heutzutage noch eine Gestalt, in der Dichtung oder im Leben, deren Existenz in der Liebe wurzelt? Der Politiker, der Staatsmann, der Forscher, der Erfinder, der Soldat, der Fabrikant, der Börseaner, im Notfall sogar der Künstler, sie alle können ein modernes Lebensideal bilden, der Liebende nicht. Man bewundert eine Figur wie die des Casanova, man findet eine Frau wie Julie de Lespinasse äußerst rührend, man erstaunt über Ninon de l'Enclos, aber sie sind im Grunde nichts weiter als Legenden und Raritäten, man hat für sie das Interesse des Orientalisten, der babylonische Ruinen ausgräbt. Wenn Casanova heute erschiene, würde er wahrscheinlich als Hochstapler ins Gefängnis gesteckt werden, und auch bei Don Juan würde schließlich anstatt des steinernen Gastes ein Polizeiagent vorsprechen. Der Staatsmann, der Soldat, der Forscher, der Künstler, sie sind heute nichts weiter; Staatsmann, Soldat, Forscher und Künstler, basta; darauf sind sie gestellt, darin sind sie spezialisiert. Liest man jedoch die Briefe Diderots an Sophie Voland oder die Briefe Mirabeaus an Mademoiselle de Monnier, so zeigt sich, daß da über den Geist hinaus, über ein allgemeines, ja welthistorisches Wirken hinaus noch Leidenschaften blühten, zwecklos wie die Blumen in einem Garten. Heutzutage ist die Liebe das Geschäft der Poeten, ob sie nun schreiben oder bloß träumen, und nicht einmal der berufensten, denn die stellen sich würdigere Aufgaben, sie müssen Probleme lösen. So sagt man doch: Probleme lösen. Nußknacker der Zeit, die sie sind.«

»Zu viel Bitterkeit, Faustina, Sie vergessen, daß die menschliche Natur immer dieselbe bleibt. Die Wandlungen der Zeit bringen nur eine oberflächliche Häutung mit sich. Es sind Wandlungen des Geschmacks, der Mode, der Manier, der Gebärde. Herz und Blut verwandeln sich nicht. Die Leute des achtzehnten Jahrhunderts gefielen sich in schwungvollen Episteln; das war eben der Geist der Epoche. Sie mögen uns überlegen gewesen sein in der Fähigkeit, über ihre Empfindungen zu reden und sich darin zu spiegeln, darum aber waren die Empfindungen selbst nicht tiefer. Sie hatten auch die Gabe, alltägliche wie besondere Ereignisse ihres Daseins in der Konversation auf das anmutigste zu behandeln. Ich gebe zu, daß damit eine Kunst der Geselligkeit verbunden war, deren Verlust wir beklagen müssen –.«

»Ja, sehr, sehr Das ist es eben, was ich behaupte. Unsere Form der Geselligkeit macht das Entstehen der Liebe fast unmöglich. Bringen Sie einmal ein Dutzend Menschen aus derselben Bildungssphäre zusammen, die einander halbwegs fremd sind. Abgesehen davon, daß Sie Gespräche hören werden, bei denen einem die Haut schaudert, wird auch der einzelne mit dem Wunsch nach Annäherung die größten Schwierigkeiten finden.«

»Wir sind eben schweigsam geworden.«

»Nur schweigsam? nicht auch zerstreut, nicht auch müde? nicht auch faul?«

»Nur schweigsam. Unsere Altvordern, die hatten viele Heimlichkeiten, aber Geheimnisse hatten sie eigentlich keine. Für uns spielen Heimlichkeiten keine Rolle mehr, dagegen sind wir voll von Geheimnis. Ehemals kannte man in der Chemie nur vier Elemente, heute hat sich alles Elementare in Atome gelöst. Ähnlich ist es der Gesellschaft ergangen. Wir haben keine Gesellschaft mehr, weil jedes Individuum als eine Welt für sich und mit dem ganzen Geheimnis seiner Welt auftritt.«

»Auch mit der ganzen Anmaßung seiner Welt.«

»Gut. Natürlich war es bei geschlossenen Gesellschaftskomplexen, wo jeder gleichsam das Abzeichen seiner Kaste trug, viel leichter, gewisse Kulturideale, oder besser gesagt, modische Ideale durchzuführen und als gang und gäbe festzuhalten. Modische Ideale haben wir nicht mehr, weil wir von vornherein entschlossen sind, in nichts, was mit dem Ideal zusammenhängt, Konzessionen zu machen. Deswegen kann die Liebe keine gesellschaftliche Übereinkunft mehr sein, deswegen auch hat sie keine gesellschaftliche Abgrenzung mehr. Es haben sich die Grenzen verschoben, nach außen und nach innen. Nach außen und nach innen ist alles komplizierter geworden; oder sagen wir: verfeinerter, oder: verschwiegener. Ehemals begehrte man in einem Liebesverhältnis die Person des Liebenden oder Geliebten, jetzt begehrt man mehr, nämlich die Persönlichkeit.«

»Modische Ideale oder andere Ideale, danach frag ich nicht«, entgegnete Faustina lebhaft. »Ideale aufzustellen, in dieser Beschäftigung habt ihr es freilich zu einer gewissen Handfertigkeit gebracht. Aber die Sache scheint mir die, daß zwischen Ideal und

Wirklichkeit eine so ungeheure Entfernung ist, daß die beiden schon gar nichts mehr miteinander gemein haben. Da ist kein Weg, keine Brücke. Es ist, als riefe man mir zu: geh nach dem Mond. Es war der Vorzug vergangener Zeiten, daß sie realisierbare Ideale hatten.«

»Heißt denn das schon ein Ideal realisieren, wenn man imstande ist, sich gesellschaftlich mitzuteilen oder selbst hinzugeben?« erwiderte ich. »Konversation fordert Leichtigkeit; die allerdings fehlt uns. Sie setzt ein Interesse für vieles voraus, wofür Teilnahme zu heucheln uns gar nicht mehr einfällt. Wir würden es abgeschmackt finden, über die Liebe und ihre verschiedenen Arten zu philosophieren. Unsere Zeit ist nach jeder Richtung hin monologisch gestimmt. Gesteigerte Anschauung und ein erhöhter Respekt verhindern uns durchaus, über das Bedeutungsvolle gewisser Lebensfragen zu sprechen. Wo wir uns sympathisch erfaßt sehen, glauben wir eine Erörterung darüber entbehren zu können; ganz mit Recht. Ich möchte sagen, wir verkehren unter tieferen Voraussetzungen miteinander. Ist Ihnen denn nicht auch im Grunde jede Ankündigung eines Gefühls ein Greuel? Finden Sie denn nicht auch die ganze Phraseologie der Liebe von Anno dazumal lächerlich und aufdringlich? Kribbelt es Ihnen nicht in den Fingern, wenn der Liebhaber auf dem Theater seine Liebeserklärung vom Stapel läßt?«

»Ach ja, das sind Geschmackssachen«, versetzte Faustina. »Geschmack, das lasse ich gelten. Verfeinerung ist mir zuwider. Die Scham seiner Gefühle haben, schön. Aber noch schöner ist es, dünkt mich, den Mut seiner Gefühle haben. Wenn Sie mir den Punkt angeben können, wo eines aufhört und das andere anfängt, ich meine, wo die Feigheit aufhört und die Verantwortlichkeit anfängt, dann will ich mich zufrieden geben. Aber dazu werden alle Waffen Ihrer Rabulistik nicht ausreichen.«

»Möglich. Man kann ja überhaupt nicht streiten, wenn man nicht derselben Meinung ist.«

»Wie? kann man nur streiten, wenn man derselben Meinung ist?«

»Gewiß; im Grunde gewiß.«

»Großartig Ein wildes Paradox« Faustina lachte, was ihrem Gesicht einen entzückenden Reiz verlieh. »Aber wir verstehen uns am Ende doch«, fuhr sie fort. »Sie kennen sicherlich die arabische Erzählung vom Sklaven der Liebe; ist es nicht ergreifend, wie der schöne Jüngling unter der Gewalt seiner Sehnsucht hinsinkt, als ob ihn eine tödliche Krankheit erfaßt hätte? Oder da las ich neulich die Geschichte von Raimundus Lullus, der am Hof des Königs von Arragon ein ausschweifendes Leben führte, bis ihn plötzlich eine glühende Leidenschaft zu der schönen Ambrosia de Castello packte. Eines Tages läßt ihn die Dame in ihr Gemach kommen, enthüllt sich ihm, und es zeigt sich, daß sie durch einen furchtbaren Brustkrebs dem Tod verfallen ist. Raimundus, bis ins Innerste erschüttert, weiht sich einem Leben völliger Keuschheit. Doch wozu Beispiele; vielleicht beweisen Beispiele nichts. Ich sehe freilich darin Kundgebungen edler Leidenschaft. Dieser Raimundus Lullus etwa, ich nenne gerade ihn, obwohl es auf Namen hier nicht ankommt, er lebte in seiner Liebe wie die atmende Kreatur in der Luft. Es gab für ihn nichts anderes außer seiner Liebe. Er war in der Liebe, er war von Liebe besessen, ein Besessener war er. Ich habe niemals einen von Liebe Besessenen gefunden. Viele besaßen die Liebe, das wohl, aber von ihr besessen waren sie nicht. Solche fand ich, die vom Spiel besessen waren, vom Geld, vom Ehrgeiz, von Wollust, aber von Liebe Besessene fand ich nicht.«

»Wenn Sie Umschau halten,« Faustina fiel ich ihr ins Wort, »können Sie zu jeder Zeit und wo immer es auch wäre, Handlungen von der gleichen Bedeutung und Intensität gewahren. Wir führen eine zu abgeschlossene Existenz, als daß Sinn und Motiv ihrer einzelnen Vorgänge zu jeder Stunde offenbar oder handgreiflich zu nehmen wären. Es ist nichts einfältig genug, es ist alles zu vielfältig, zu weitschichtig, als daß man durch anekdotische Belege imponieren könnte. Selten hat ein Ereignis Anfang und Ende für uns, selten läßt es sich als Anekdote fassen, noch seltener ein ganzes Leben. Ja, es ist alles unfaßbar, unendlich, alles auch scheinbar ohne Stichhaltigkeit oder ohne Konsequenz, und doch, wenn man hinfühlt, wenn man im Nerv der Dinge lebt, von tiefstem Belang.«

»Aha, Sie spielen schon wieder auf das Geheimnis an. Es läßt mich kalt, Ihr Geheimnis, es ist mir zu pomphaft. Ich lobe mir dafür die Heimlichkeit; sie ist heiter und beweglich.«

»Lassen wir das Geheimnis. Ich sage nur: Leidenschaften sind Leidenschaften. Sie waren und sind zu jeder Zeit und in jedem Jahrhundert dieselben. Ich will gar nicht an die Tragödien erinnern, die sich in stillen Stuben ereignen, es wird davon wenig Aufhebens gemacht und drei Zeilen in einer Zeitung sind alles, was bisweilen ans Licht kommt. In meiner Heimat gab es ein junges Paar, und sie liebten einander. Die Eltern des Mädchens setzten der Verbindung hartnäckigen Widerstand entgegen. Als man sah, daß die Liebe der beiden nur um desto größer wurde, je mehr Hindernisse man ihnen bereitete, wurde dem jungen Mann gesagt, er solle das Mädchen haben, doch müsse er sich zuvor drei Jahre lang nach Amerika begeben und während dieser Zeit dürfe weder er der Geliebten schreiben, noch sie ihm. Wenn er nach abgelaufener Frist seine Neigung unbesiegbar finde, werde man gegen die Heirat nichts mehr einwenden. Und so geschah es, der Jüngling reiste übers Meer. Etwa ein Jahr lang ging alles gut, das Mädchen lebte in schöner Gewißheit. Auf einmal fing sie an zu kränkeln, verlor ihre Munterkeit, und ohne daß ein Arzt den Sitz des Übels zu entdecken vermochte, siechte sie hin. Die Eltern wurden besorgt, man begann nach dem jungen Mann zu forschen, aber da er keine Angehörigen in der Stadt hatte, verursachte dies viele Umstände, und das junge Mädchen starb, ihr Leben erlosch wie ein Feuer, das keine Nahrung hat. Gleich darauf stellte es sich heraus, daß der junge Mann dort drüben im fremden Land ebenfalls den Tod erlitten hatte, und zwar beinahe an demselben Tag, an welchem die Krankheit des Mädchens begonnen hatte.«

»Eine hübsche Geschichte zwischen Menschen ohne Elan«, sagte Faustina. »Warum waren sie gar so still und subaltern, die armen Liebesleutchen? Ach, täuschen wir uns nicht darüber hinweg; man hat aufgehört, die Liebe als eine herrschende Gewalt zu betrachten. Es ist deswegen auch ihr Ritus und Zeremoniell, wenn ich mich so ausdrücken darf, verloren gegangen. Und was ist schuld daran? Wer weiß es Vielleicht der Beruf, vielleicht die Bildung, vielleicht beides. Der eine Moloch verschlingt die Zeit, die schöne Muse zweckloser Träume, der andere vernichtet die Ursprünglichkeit der Gefühle. Es gibt zu wenig Leute, die sich langweilen, oder besser gesagt, die das Talent haben, sich zu langweilen. Man ist rationalistisch bis auf die alltäglichen Launen. Man will immer einen Grund und immer einen Zweck. Man geht nicht mehr spazieren, sondern man macht Touren. Wenn man das Leben aufs Spiel setzt, geschieht es für Dinge, die dessen nicht wert sind. Was mich betrifft, ich sah Männer, ernsthafte Männer erschrecken bei dem bloßen Gedanken an tieferes Attachement. Ich kannte andere, die auf Abenteuer ausgingen und die schleunigst, wie vom Donner gejagt, die Flucht ergriffen, wenn sie in Gefahr waren, einer Leidenschaft zu unterliegen, deren Meister sie nicht sein konnten. Da ist ein Mann, fähig zur Hingebung, ja, zur Aufopferung, der jeden Keim großer Empfindung durch unablässiges Frage-und Antwortspiel mit sich selbst zerstört, wie wenn ein verrückt gewordener Gärtner jeden Morgen die schönsten Knospen abrisse und zwischen den Fingern zerriebe, und da sind andere, die aus purer Herrschsucht, aus purem Mutwillen, aus purer Eitelkeit, aus purem Unverstand das Kostbarste, was sich ihnen anbietet, zu niedrig einschätzen, nur weil es sich ihnen anbietet, und verwesen lassen, was sie hegen sollten. Ich spreche jetzt nicht von dem, was mir widerfahren ist, denn mit uns Frauen ist es ja nicht viel besser. Da sind solche, die ihr halbes Leben darnach versehnen, sich in einem großen Gefühl verlieren zu dürfen; wenn dann das wunderbare Ereignis kommt, sind sie plötzlich voller Ausflüchte, voller Ausreden, voller Angst, den Geist ihrer Kaste zu beleidigen. Sie haben jede Entschlossenheit in der Idee und in der Sehnsucht verausgabt. Das, sehen Sie, ist Empfindsamkeit, und diese Art Empfindsamkeit, sich in der Idee und in der Sehnsucht zu verschwenden, ist uns so verderblich. Da stürzt man sich dann in den Pfuhl einer charakterlosen Ehe, die Frauen, um ein Asyl zu gewinnen, oder um den Zustand einer allgemeinen sinnlichen Unruhe zu beenden, oder um Konflikten zu entgehen, denen sie nicht gewachsen sind, oder um gewisser sozialer Vorrechte teilhaftig zu werden oder aus frivoler Gedankenlosigkeit schlechthin; die Männer, um ein Heim zu gründen, wie sie mit heuchlerischer Poesie behaupten, in Wirklichkeit, um sich zur Ruhe zu setzen, um sich von ihren Jugendsünden, Sünden des Geistes und des Herzens, des Körpers und der Seele zu erholen. Wäre dabei die Ehe bloß eine soziale Konvenienz, die wie im Zeitalter der Galanterie gewisse Freiheiten eher fördert als verbietet, oder wie im Altertum ein ungleiches Verhältnis von Tyrannei und Sklaverei zum Gesetz erhebt, so wäre es noch gut; aber nein, sie ist sakrosankt, und damit schützt sich die Gesellschaft vor dem schlechten Gewissen, das ihr die Phrasenhaftigkeit der ganzen Institution sonst erwecken müßte. Großer Gott, was für ein Rattenkönig von Verlogenheiten Alles muß herhalten, um den Mangel wahrhafter Liebe, uneigennütziger und edler Gefühle zu vertuschen: Wissenschaft und Kunst, Staatsinteresse und Humanität, Christentum und Freigeisterei, lauter schöne Kulissen für ein nichtswürdiges Schauspiel.«

Faustina war außerordentlich bewegt. Ich hatte Mitleid, ihr zerstörtes Wesen rührte mich. Ich erkannte, wie das Schicksal in ihr gehaust, und ein halb entschuldigendes, halb selbstverspottendes Lächeln, das alsbald auf ihre Lippen trat, konnte mich nicht täuschen. Ich schwieg; mein langes Schweigen gab ihr wieder einige Haltung. Sie erhob sich und ging mit verschränkten Armen auf und ab, wobei sie fortfuhr: »Es gibt eine Novelle von Tschechow; sie handelt von einem alternden Mann, der ein Liebesverhältnis mit einer verheirateten Frau hat. Sie treffen sich heimlich, und einmal, gerade während er sie begrüßend umarmt, wird er traurig und fragt sich, warum ihn diese so liebt. Er denkt an die andern, er denkt daran, wie viele ihn geliebt haben, und daß keine von ihnen, keine einzige mit ihm glücklich gewesen sei. Die Zeit verging, so heißt es ungefähr, er machte Bekanntschaften, schloß Verhältnisse, trennte sich wieder, aber niemals liebte er; es war alles, was man nur wollte, gewesen, aber keine Liebe. Das Wort ist in mir haften geblieben. Alles, was man nur wollte, war es gewesen, aber keine Liebe. Der Mann war, wie viele sind, und die Frau Hebt ihn, ja, sie liebt ihn, aber nicht ihn selbst, sondern den Menschen, den ihre Phantasie geschaffen hat, und wenn sie ihren Irrtum bemerkt, liebt sie ihn dennoch weiter. Was sollte sie sonst tun? Darf ich Ihnen etwas verraten? Etwas recht Lächerliches? Ich habe eine kleine Einteilung gemacht. Ich habe die Frauen eingeteilt in Katzennaturen und in Hundenaturen, und die Männer in Streber und Faulpelze. Katzen sind an den Ort gebunden, Hunde an den Herrn, Katzen sind treulos, Hunde sind treu, Katzen haben Charakter, Hunde nicht; wenn Sie den Finger ausstrecken, wird die Katze auf Ihre Hand, der Hund aber gegen das Ziel blicken; und so weiter. Sie wissen schon, was ich meine. Oder ist die Analogie nicht plausibel? Streber und Faulpelze, darüber lassen sich amüsante Beobachtungen machen. Was dem einen die Karriere, ist dem andern die Behaglichkeit. Der Streber ist skrupellos, der Faulpelz satt; der Streber ist ein Glücksjäger, der Faulpelz ein heimlicher Dieb, der seine Beute in Sicherheit gebracht hat, denn der Faulpelz ist immer ein heimlicher Dieb. Der Streber ist konservativ aus Grundsatz, der Faulpelz aus Stumpfsinn, der Streber ist revolutionär aus Opportunismus, der Faulpelz aus Eigennutz; der eine ist ein Wucherer, der andere ein Kuppler, und Philister sind alle beide. Ja, es ist eine herrliche Welt, eine herrliche Zeit Wenn man dieses ganze Geschlecht in einen großen Sarg legen und auf einmal beerdigen könnte, so wüßt' ich eine wunderbare Grabschrift.«

»Und die wäre?«

»Verstorben an der weitverbreiteten schleichenden Seuche: Trägheit des Herzens.«

»Na, daran stirbt man nicht.«

»Gewiß nicht, weil man ganz bequem davon leben kann.«

»Verrannt, verrannt, Faustina, rettungslos verrannt.«

»Freilich,« murmelte Faustina, »verrannt wie Theseus. Aber aus diesem Labyrinth gibt's kein Entkommen.«

»Packen wir doch den Stier bei den Hörnern, Faustina. Was ist Liebe? Wer hat Liebe? Wer ist der Liebe fähig? Wer darf sich vermessen zu reden: Liebe ist so und so, und nicht anders. Wer darf es wagen, über die Relationen des Begriffs hinauszufliegen und seine Einheit, seine pragmatische Gültigkeit, seine reinste Inkarnation zu verkünden? Liebe ist etwas ungeheuer Seltenes, Faustina. Machen wir uns das klar Die Liebe, die wirkliche Liebe, nicht die aus aller Leute Mund, ist ein Phänomen, genau so selten, genau so großartig, genau so bewunderungswürdig wie das Genie. Ihre niedrigen oder minder niedrigen Erscheinungsformen durch die Rangstufen der Kreaturen sind allerdings so reich und wechselnd wie die Kreaturen selbst. Nehmen Sie aber ein Individuum heraus, um es nach Ihrer Weise kurzerhand vor den Imperativ der Liebe zu stellen, so ist das ungefähr so, wie wenn Sie ihm die fünfundzwanzig Buchstaben des Alphabets vorsagen und ihm dann befehlen: da hast du alles Notwendige, nun schaffe mir ein schönes Dichtwerk. Man ist gewohnt, mit dem Wort Liebe umzuspringen wie mit einem Hausgerät. Es hat gar keine Unberührtheit mehr, dies unglückselige Wort, es ist wie eine Dirne zu jedermanns Diensten, und mir scheint, man müßte ein neues erfinden, um das auszudrücken, was es ausdrücken sollte. Da ist eine gewisse mittlere Literatur, die vorzugsweise von Liebe handelt, und zwar von einer Liebe, die Distinktion haben soll, Bedeutung haben soll, edelherzig und selbstlos sein soll, und ach, nichts von alledem besitzt sie, eine Wachspuppe ist sie. Wollte man sich, was ja nahe liegt, durch diese Produkte verführen lassen, an die Häufigkeit der Liebe zu glauben, so ginge man sehr fehl. Unsere besten Dichter, denen eine untrügliche Vision die Realität ihrer spezifischen Welt gibt, beziehen auch nur mit einer höchst belehrenden Vorsicht die Liebe in das Bereich ihrer Erfindungen.«

»Weil sie nichts davon wissen und weil sie sich davor fürchten, genau wie im Leben.«

»O nein, Faustina, das wäre ein gar zu billiger Schluß. Weil sie ihre Seltenheit erkannt haben. Halten wir uns an das Gleichnis mit dem Genie. Das Genie tritt erst in Funktion, wenn es in eine Zeit geboren ist, die für sein Wirken schon vorbereitet ist. Es ist zwischen dem Genie und der Zeit sozusagen eine elektrische Spannung aufgespeichert. Mit der Liebe ist es nicht anders. Der zur Liebe geborene Mann muß den für ihn bestimmten höchsten Typus gewinnen und umgekehrt. Es genügt nicht, daß in einem Einzelwesen die Fähigkeit und Möglichkeit der Liebe vorhanden ist, sondern sie muß durch ein besonderes Walten günstiger Umstände einen würdigen Gegenstand finden. Wer zur Liebe bestimmt ist, der muß zugleich etwas vom Helden und etwas vom Märtyrer haben. Nehmen wir also an, es entsteht in zwei bevorzugten Individuen die Liebe. Gehen wir ein wenig anatomisch zu Werke. Zerlegen wir eine solche Liebe in ihre Bestandteile. Da haben wir in erster Linie die Leidenschaft, die als eine Art Entflammung des Blutes und des Geistes gelten muß; ferner: vergöttlichende Kraft; durch sie wird das geliebte Wesen herausgehoben aus der Schar der Mitlebenden und in ein Idol verwandelt. Ferner: sinnliches und übersinnliches Verlangen; das sinnliche entspringt der Leidenschaft, das übersinnliche der Vergöttlichung; sodann: unbegrenzte Hingebung; ihr Merkmal ist jedoch, daß sie auch bei höchster Großmut des Gewährens nie zu befriedigen vermag; ferner: eine Zartheit der Empfindung, die abhängig ist von jedem Traum, von der leisesten

Ahnung, und endlich eine Ruhelosigkeit, die gleichwohl ein ganz bestimmtes Ziel hat, so wie die zitternde Magnetnadel. Sie mokieren sich über meinen professoralen Ton, wie ich sehe. Ich wähle ihn mit Absicht, da ich zwischen Schwärmerei und Sachlichkeit keine Wahl habe, und wenn ich nicht schwärmerisch erscheinen will, muß ich trocken sein.«

»Ich mokiere mich nicht. Fahren Sie nur fort.« »Man braucht nur geringen Scharfblick, um daraus zu erkennen, daß die Liebe zwei Hauptquellen hat; eine elementare und eine ethische, eine sinnliche und eine sittliche. Betrachtet man nun die trivialeren Formen der Liebe, so zeigt es sich, daß sie fast immer nur auf eine einzige jener Eigenschaften gegründet ist. Wir haben dann die Liebe aus Leidenschaft; oder die Liebe aus Sinnlichkeit; oder die selbstentäußernde Liebe; oder die empfindsame Liebe; oder die ruhelos unbefriedigte Liebe. Die Variationsmöglichkeiten sind natürlich zahllos; zum Beispiel, wenn der Mann eine sinnliche und das Weib eine vergöttlichende Liebe hegt oder umgekehrt; oder wenn der Mann ruhelos unbefriedigt und das Weib selbstentäußernd liebt, und so weiter. Meist wird es so sein, daß gerade die schroffsten Gegensätze zusammentreffen. Mit der Variation beginnt auch schon der Konflikt und wo Konflikte sind, ist keine Beständigkeit. Die große Liebe kennt keine Konflikte; bei ihr findet ein vollkommener Ausgleich statt. Alles Differenzierte vereinigt sich zur Harmonie und zur Schönheit. Ein auszeichnender Vorzug wird nie isoliert sein und nie ohne Widerspiel wirken; erst das Widerspiel, in einem bejahenden Sinn, bringt eine Tugend zur Entwicklung: Anmut wird zum Beispiel den Geist bedingen, Güte die Kraft, Vornehmheit die Tapferkeit. In der großen Liebe und nur in ihr, verwandelt sich der Mensch; er wird sozusagen nach seinen idealen Grenzen erweitert. Er ist in einem Zustand von Dämonie, oder um Ihren Ausdruck zu gebrauchen, von Besessenheit. Alles Sichtbare und alles Fühlbare hat nur einen einzigen Bezug, er findet überall und in allen Dingen das Gleichnis mit dem Objekt seiner Liebe, in der Musik und im Gedicht, im Ziehen der Wolken, im Rauschen der Bäume, im

Anschauen eines Bildes, einer Flamme, eines Steines; Vogelflug und Menschenwege haben für ihn dieselbe nebelhafte Ferne, und doch hat er alles in sich und nichts außer sich, er ist nach allen Seiten gegen die Welt geöffnet und doch von ihr nicht mehr berührbar, er ist der freundlichste Freund, der teilnehmendste Gefährte und trotzdem mit der Geliebten im ganzen Universum allein. Was ihn zuerst an ihr hingerissen hat, sagen wir eine besondere Wölbung der Stirne, eine besondere Art, die Lider zu heben oder die Hand zu reichen, ein Ton der Stimme, ein Rhythmus des Schrittes, ein Lächeln, eine Gebärde, das alles wird Weltgesetz, das heißt: so gehen ein für allemal die Menschen, so sprechen sie, so blicken sie, so reichen sie die Hand, das ganze Bild des Daseins wird zu einem fixierten Bild der Schönheit. In der großen Liebe nämlich ist alles Positivität, und es ist alles in ihr unendlich und ewig. Sie kann deshalb niemals aufhören, weder auf der einen, noch auf der andern Seite. Nur der Tod kann ihr ein Ende bereiten, ein Ende, das freilich dem tiefsten Sinne nach ein scheinbares ist und sein muß. Glück oder Unglück kommen für sie nicht in Frage, ihre Tragik liegt anderswo, ja sie ist die einzige Lebensform, die eine mitgeborene Tragik besitzt, und diese Tragik ist für sie nicht nur in der Möglichkeit, sondern auch in der Notwendigkeit des Untergangs, des Todes beschlossen. Die Liebe weiß keine andere Gefahr und Bedrohung als den Tod. Vom ersten Augenblick der Liebe steht der Tod als stummer Wächter förmlich sichtbar daneben. Sehr schön ist das in Shakespeares Liebestrauerspiel zur Anschauung gebracht; alles strebt von Beginn an dem Tode zu, die Unabweisbarkeit, mit der er auftritt, regiert heimlich jedes Geschehen. Und um den Unterschied der Gattungen zu bezeichnen, ist Romeo, bevor das große Entetement eintritt, in eine Liebe von gewöhnlicher Beschaffenheit verstrickt.« »Wohin führen Sie mich da, mein Teurer«, seufzte Faustina. »Das gelobte Land dieser Liebe ist für unsereinen nicht erreichbar. Dazu müßte man unter einem besonderen Stern zur Welt kommen.«

»Ja, wie zu allem Großen«, versetzte ich.

»Glauben Sie denn im Ernst, daß es eine solche Liebe wirklich gibt?«

Ich mußte lächeln, denn ihre Frage hatte etwas von der Naivität eines Kindes.

»Glauben Sie auch,« fuhr sie fort, »daß die Bestimmung dazu nur auf der einen Seite, auf der Seite des Mannes oder des Weibes liegen kann, daß der eine Teil vergeblich nach dem andern schmachtet und die ganze Erde durchsucht ohne ihn zu finden?«

Faustina sah mich ängstlich an, sie wollte offenbar eine Beruhigung gewinnen, sie merkte nicht, daß ich die Antwort auf diese Frage schon gegeben hatte. »Ohne Zweifel«, erwiderte ich. »Jeder denkbare Zustand der Seele und des Gefühls kann und wird irgendwie und irgendwo zur Erscheinung gelangen, sonst wären wir nicht imstande ihn uns vorzustellen. Der Fall, den Sie fiktieren, hat aber mit der großen Liebe nichts mehr gemein, vielleicht überhaupt nicht mit der Liebe.«

»Sondern?«

»Sondern mit der Sehnsucht. Sehnsucht kann produktiv sein, sie kann aber auch unfruchtbar sein. Das hängt von dem ab, der sie nährt.«

»Mich dünkt, Sehnsucht ist das erhabenste Gefühl in der menschlichen Brust.«

»Wenn sie produktiv ist, ja.«

»Was nennen Sie produktive Sehnsucht?«

»Produktive Sehnsucht nenn ich diejenige, die imstande ist, einer Vorstellung Wirklichkeit, einem geträumten oder erwünschten Zustand Gegenwart zu verleihen.«

»Da setzen Sie ja, und wie ist das möglich bei der Sehnsucht, einen Willensakt voraus?«

»Ja, das tue ich allerdings; einen Willensakt, der vielleicht durch geheimnisvolle telepathische Mächte begünstigt und unterstützt wird.«

»Hm, ich sehe schon, Sie decken sich. Wenn man zum Unerforschlichen seine Zuflucht nimmt, hören die Argumente auf. Dem Unerforschlichen gegenüber gibt es ja keine Schuld und keinen Irrtum mehr.«

»Warum auch von Schuld reden, Faustina? Aber Sie mögen recht haben, vielleicht ist es wirklich eine Art von Schuld, wenn das Gefühl nicht bis zum geliebten Gegenstand trägt, sondern unterwegs durch fremde Einflüsse gebrochen wird. Nie beirrbaren Instinkt zu besitzen, das ist schon eine große Sache; und eine seltene Sache. So wie unser Leben sich heute abspielt, nicht wahr, wie jeder einzelne verwoben ist in ein maschinenhaft bewegtes Ganzes, wie er gezwungen ist, sich an vieles hinzugeben, was seinem Wesen fremd ist, wie sein geringster Fehltritt ihn unrettbar hinunterreißt von dem Weg seines Willens, wie er unverborgen dasteht, immer Kettenglied, wie all sein Tun und Handeln eine weitaus nähere und schnellere Folge hat als er es wünscht, wie das Elementare beständig in ihm ankämpfen muß gegen die Forderungen des Tages und der Welt, wie er Ruhe und Selbstbestimmung hingeben muß, nur um nicht erdrückt zu werden von den Gewalten, die um ihn toben, so wird es natürlich immer schwerer, einer inneren Stimme zu gehorchen, ja bloß überhaupt sie zu hören. Was vor wenigen Generationen noch einer Zahl von fünfzig beschieden war, das wird heute infolge der strengeren Wahl und härteren Erprobung nur an zwölfen oder fünfen oder dreien erfüllt. Wer wird um des Ideals in der Liebe willen sein Leben aufs Spiel setzen? Glücklicherweise ist das menschliche Herz immer zu Verträgen bereit. Würde die Liebe plötzlich Gemeingut aller, so wäre in vierzig Jahren die Erde ausgestorben. Wer nicht zur Liebe erwählt ist, dem hat das Schicksal auch Stärke und Geduld versagt. Er bescheidet sich, weil er sich bescheiden muß. Er liebt, was ihm Liebe entgegenbringt; sein Regent ist der Zufall. Er erobert oder er läßt sich erobern, ein Anschein von Schwierigkeit und Ferne erzeugt die ihm notwendige Poesie. Der eine liebt einen Körper, der zweite ein Gesicht, der dritte einen Blick, eine Hand. Ich meine das nicht gerade wörtlich, ich will damit nur sagen, daß er den Teil für das Ganze nimmt. Den Teil für das Ganze zu nehmen, das ist so Menschenart, und nicht einmal die schlechteste, sie bildet sogar Charaktere. Der Liebende ist Augenmensch; seine Leiden sind wirklich, seine Freuden sind dionysisch; der andere, der die Liebe nur ahnt wie ein Nachtgänger das Morgenrot, ist ein tastender Mensch, seine Glut ist ein Fieber, seine Leiden und Freuden sind imaginär, er sättigt sich von Brot, indes seine Phantasie Himmelsspeise verzehrt, er sieht nicht, er versteht gar nicht zu sehen, er will nur eingelullt sein, er will nur träumen, er ist stets philosophisch aufgelegt oder ist argwöhnisch, eifersüchtig, traurig, unersättlich, rasch übersättigt; er kann sich nicht in der Liebe verlieren, so gern er es möchte, denn der Strom, der ihn erfaßt hat, ist nicht tief genug. Manche lieben nur die Liebe oder die Sehnsucht nach der Liebe oder die Maske der Liebe oder die Unruhe der Liebe oder den Triumph der Liebe, und so können wir immer tiefer heruntersteigen, bis von der Liebe nichts mehr übrig bleibt als der Name. Unvermögen hat vielerlei Gestalten. Kannten Sie nicht damals auch den jungen Baron B., der bei der deutschen Gesandtschaft war?«

»Den großen Frauenverführer –?« »Jawohl. Nichts ist heute leichter als den Titel eines Don Juan zu erwerben, man braucht bloß ein wenig Methode in die Art zu bringen, wie man sich amüsiert. Dieser Baron B. also war immer mit einem Dutzend Frauen gleichzeitig intim. In jede einzelne war er eines bestimmten Vorzugs wegen verliebt, und er setzte mir einmal allen Ernstes auseinander, seine Vorstellung von Liebe sei eine so ungeheure, daß er niemals hoffen könne, das was er suche, in der Totalität einer Person anzutreffen.«

»Ein Freibeuter«, erwiderte Faustina verächtlich. »Vor fünf Jahren hat er eine alte Schachtel von Millionärin geheiratet.«

»Ja, so enden unsere Don Juans in der Regel.« »Von hundert sogenannten Frauenhelden wissen neunundneunzig überhaupt nicht, wie eine Frau beschaffen ist«, sagte Faustina.

»Nun ja, wo Sinnlichkeit den Blick verwirrt, kann von Liebe nicht mehr die Rede sein. Es ist ein Unterschied wie zwischen dem Rauch und der Flamme.«

»Ist es so? Ist es wirklich so?« versetzte Faustina hastig. »Sinnliche Leidenschaft trägt nicht, das gebe ich zu. Aber wenn wir die Liebe nur in ihrer Vollkommenheit anerkennen wollen, was bleibt dann noch bestehen? was darf dann noch Liebe heißen? Lassen Sie mir doch die Dinge ein wenig einfacher. Der Mensch, so wie er eben ist, vermag sich nicht auf der Höhe seines Gefühls zu halten. Der Gütigste, der Edelste hat einen Teufel in der Brust, der ihn zwingt, sich am göttlichen Teil seines Wesens zu vergreifen. Vielleicht ist in der Liebe die Sinnlichkeit so ein Teufel, vielleicht ist sie ein boshaftes Tier, wie die Heiligen sagen. Vielleicht ist sie aber die Erhalterin der Welt? Und wenn sie die Erhalterin der Welt ist, warum ihr Übles nachreden? Läßt sie sich denn von der Liebe trennen? Sie sagen: Liebe will den Tod. Ich wage nicht daran zu rütteln, obwohl ein solcher Satz alle meine Gedanken durcheinanderwirbelt. Aber angenommen, Sie haben recht, wie läßt sich das mit der Absicht der Natur vereinigen, die doch durch Liebe die Gattung fortpflanzen will?«

»Das ist ein Irrtum, Faustina. Durch Liebe wird die Gattung eben nicht fortgepflanzt, zum mindesten ist sie nicht darauf gestellt. Sie ist sich selber Zweck.«

»Oho Wenn Sie das vor versammeltem Volk sagen, wird man Sie steinigen. Ich dachte, Sie seien ein moderner Mensch? Ich dachte, ein moderner Mensch dürfe gar nicht an Liebe denken, ohne zugleich an das Kind zu denken. Mein Gott, sehen Sie nur unsere gebildeten jungen Mädchen an Welche Sachlichkeit welche Wissenschaftlichkeit Sie tun, als ob sie in der Liebe zugleich ein Hebammenexamen bestehen müßten. Na gut, werde jeder selig wie er will. Aber das muß ich schon sagen, ein Symptom liegt darin. Man ist nicht ehrlich in diesen Dingen. Und weil man nicht ehrlich genug ist, der Liebe oder der Sinnlichkeit ihre selbstverständlichen Rechte zuzugestehen, nimmt man das Kind als Vorwand, sich zu decken. Man gibt der Prüderie und der Entschleierung ein Pseudonym, das sie mehr entwürdigt als beschönigt.«

»Nicht so wild, Faustina Sie haben eine Art mir beizupflichten, die mich fast an meiner Meinung irre macht. Die Geschöpfe, von denen Sie sprechen, sind ja nur Mißleitete. Und der Geist der Zeit selber ist es, der sie betrügt. Aufklärung heißt heute das große Wort. Nur ist allerdings diese Aufklärung etwas anderes als man sie vor hundert Jahren verstand. Vor hundert Jahren wollte man einfach alles aufklären: Himmel und Hölle, Märchen und Wunder, Kunst und Religion. Eine verhängnisvolle Strömung, der das noch lange nicht genug, nicht dankbar genug gewürdigte Emporwachsen der deutschen Romantik sich hilfreich entgegendämmte. Unsere Aufklärung hat sich verinnerlicht. Man will allem, was in der Seele des Menschen vor sich geht, nicht so sehr verstandesmäßig als auf Wegen des Gefühls, der Deutung, der Ahnung beikommen. Die Schriftsteller haben sich in Seelenforscher verwandelt, die Erzieher in mehr oder weniger eigensinnige Deterministen. Man legt dem Unbestimmtesten eine Bestimmung unter, uralte Traditionen verlieren ihr Gewicht, bedeutungsvoll Gestaltetes seine Kontur, Rangunterschiede werden verwischt, Autorität erweckt Mißtrauen, und ich leugne es nicht, ich kann es leider nicht leugnen, die allgemeine Demokratisierung, dem kleinen Geist eine Wohltat, dem großen ein Horror, erstreckt sich bis in die verborgensten Winkel des Herzens. Aber mein Trost ist, daß dies alles ja nur ein Übergang ist. Mir ist oft zumut, als ob ein unsichtbarer Riese unsere Welt in

Stücke zerfetzte, um aus den Bestandteilen eine neue, bessere, schönere zu machen, und als ob diese Zerstückelung notwendig sei, um unser Dasein auf eine höhere Fläche zu heben.«

»Hirngespinste«, sagte Faustina kopf schüttelnd. »Was soll ich mit Hirngespinsten? Um mich mit einem Gegebenen abzufinden, dazu bin ich. Ist mir der gegebene Zustand unerträglich, nun, so empöre ich mich. Demokratisierung, ja, ja, das ist es Was heißt denn: Demokrat sein? Demokrat sein heißt, etwas bedeuten wollen außerhalb einer organischen Sozietät. Nicht wahr?«

»Jawohl, oder als Persönlichkeit auftreten außerhalb der Sozietät und sich ihr entziehen auf Grund singulärer Rechte oder selbstgeschaffener Befugnisse.«

»Ausgezeichnet. Was kann nun dabei zustande kommen? Da ist der Adel. Was hat ihn zu allen Zeiten so mächtig werden lassen? Doch wohl nur der eherne Zusammenhang seiner Mitglieder auf Grund einer ehernen Überlieferung. Heute aber, heute ist jeder Ladendiener schon mit einer Individualität versehen, und jede aufgeputzte Kuh faselt von ihrem Selbstbestimmungsrecht. Was ist die Folge? Ehe noch die ärmlichsten Menschenpflichten erfüllt sind, werden der Menschheit schon Glücksforderungen gestellt, wie man einen Wechsel auf Sicht präsentiert. Alle, die so im glücklichen Besitz einer Persönlichkeit sind, was eben Persönlichkeit nach ihrer Ansicht ist, gleichen den schlechten Kaufleuten, die sich bei einem großen Unternehmen mit einem kleinen Kapital beteiligen und über Nacht Millionäre werden wollen. Diese Persönlichkeitsritter üben ein neues Faustrecht aus und die Gesetzlosigkeit, die sie begünstigt, erscheint ihnen als der Gipfel der Freiheit und Kultur. Meine Überzeugung ist aber die, daß ein demokratisches Zeitalter nun und nimmermehr ein Zeitalter der Liebe sein kann. Gerade in der Liebe wird ja die Aufopferung der Persönlichkeit verlangt. Hingabe Ein herrliches Wort Der Demokrat, der individuelle Demokrat, er gibt sich nicht hin, er gibt sich nur auf. Und liebt er, so muß er zweckvoll lieben.

Und außerhalb der Sinnlichkeit, wo wäre da für ihn noch Zweck? Also muß er sinnlich lieben.«

»Man kann das formulieren, wie man will, Faustina, und ich streite nicht dagegen, nur wundre ich mich, weil Sie vorhin doch selbst für die Sinnlichkeit plädiert haben.«

»Hab ich das? So wollt ich eben damit sagen, daß die Sinnlichkeit ihren eigenen Thron aufgerichtet und die andern Kräfte der Liebe unterjocht hat. Wenn das organische Ineinander-wirken der Kräfte aufhört, so entstehen, medizinisch gesprochen, Neugebilde, die sich auf Kosten des übrigen Körpers nähren und ihn langsam vernichten.«

»Dieser medizinische Vergleich ist mir zu – moralisch, liebe Freundin. Wir dürfen hier um keinen Preis moralisch sein, wir untergraben uns sonst die Möglichkeit der Verständigung. Es gibt eine Art von Sinnlichkeit, die wirkt nicht viel anders als das Licht, wenn es in klares Wasser fällt und das Wasser bis auf den Grund durchleuchtet, es entmaterialisiert. Welche Sinnlichkeit wollen Sie der individuellen Sinnlichkeit entgegenstellen? Etwa die naive? Das gäbe ein Schema. Jedes Schema bleibt meilenweit hinter der Erfahrung zurück, von der Synthese des Lebens ganz zu schweigen. Statuieren wir also, beispielsweise, einen Unterschied zwischen elementarer und differenzierter Sinnlichkeit. Wo ist die Grenze? Ist der Wilde elementar, weil er nur das Weibchen schlechthin begehrt? Ist Werther differenziert, weil er sich um Lotte erschießt? Sie sehen, man hat bei solchen Unterscheidungen keinen Halt.«

»Ach, unterscheiden Sie nach Herzenslust, aber Sie werden mir doch nicht ausreden, daß es eine Sinnlichkeit gibt, die eine Ursache und eine Sinnlichkeit, die eine Folge ist. Die eine ist eine Wallung, die andere eine Kraft, die eine regiert den Willen, die andere kommt aus der Seele ...«

»Gut, gut, das mag seine Richtigkeit haben, aber damit kommen wir zu keinem Ergebnis. Wir gewinnen nur dann Einsicht, wenn wir von der Phantasie ausgehen, wenn wir sagen: es gibt eine Sinnlichkeit ohne Phantasie, und es gibt eine Sinnlichkeit mit Phantasie. Ja, ich gehe so weit zu behaupten: Phantasie und Sinnlichkeit sind gleichsam die beiden Flügel desselben Wesens, des Liebewesens nämlich, die beiden Flügel, ohne welche es sich nimmermehr vom Chaos lösen und von der Erde erheben kann. Und das eine ist mir klar: daß das moderne Ideal von Liebe oder von Sinnlichkeit viel mehr unter dem Zeichen der Phantasie steht, als es jemals der Fall war.«

»Ist das Ihr Ernst?«

»Mein vollkommener Ernst. Ich sage ausdrücklich: das Ideal. Ich will die Erscheinungen selbst nicht betrachten; ich will ohne weiteres zugeben, daß wir vom Ideal himmelweit entfernt sind. Der Grund liegt aber nicht in der Inferiorität des Lebens, sondern in der Superiorität des Ideals.

Gerade durch die Persönlichwerdung unserer Existenz wird ja der Reichtum der Formen und der Reichtum der Daseinsresultate unendlich gesteigert. Was auf der einen Seite die Vereinzelung der Guten, die Vereinsamung der Tüchtigen bewirkt, macht auf der andern Seite den Zwang und das Gesetz aus, unter dem sie überhaupt zur Geltung, zur Entfaltung ihrer Kräfte gelangen. Es findet dadurch ein Zusammenfluß von vielen isolierten Idealen, ein Ineinandergreifen erhöhter Lebensstimmungen der heterogensten Art statt, deren Gesamtheit und deren organische Verschmelzung, wenn es einmal so weit gekommen sein wird, sich gar sehr von den primitiven und deswegen von vornherein harmonischen Idealen früherer Epochen unterscheiden wird. Und außerdem, was könnte ein stärkerer Ansporn für die Phantasie sein als gerade die Distanz zwischen Ideal und Wirklichkeit?«

»Ach so,« sagte Faustina stirnrunzelnd, »es soll also die Phantasie ein Mittel des Verzichtes werden? Da sieht man's, mit Logik kommt man herrlich weit.«

»Zu einem Mittel des Verzichtes, – ja. Aber nicht im Geist der Askese, sondern im Geist der Vollkommenheit und Vervollkommnung. Ein Liebender, Faustina, was ist er denn anders als einer der gewählt hat, einer dessen drängendes Gefühl sich für die intensivste ihm mögliche Lustquelle entschieden hat. Denken wir uns die sinnlichste Natur; denken wir sie zugleich liebefähig und zur Liebe bestimmt in der edelsten Art. Indem sie wählt, vollzieht sie unwiderruflich ihr Schicksal; das weiß sie und weil sie es weiß, folgt sie einem hohen sittlichen Gebot, wenn sie den Gegenstand der Liebe in die höchste Region der Vollkommenheit erhebt. Je mehr Phantasie nun dabei im Spiel ist, je mehr kann die Realität vergessen werden, und nicht in einer selbstsüchtigen Täuschung, sondern in einer schönen, selbstlosen, idealen Täuschung, ja, schlankweg gesagt, in einer Täuschung, zugunsten des Vollkommenen. Oder nehmen wir ein negatives Beispiel: nehmen wir unglücklich Liebende; ich meine natürlich nicht solche, die aus äußerlichen Gründen, sondern solche, die aus innerlichen Gründen verhindert sind, eins zu werden. Unglücklich Liebende sind Wesen, die nicht die Geduld, das heißt, nicht die Kraft, im letzten Grund nicht die Bestimmung hatten zu wählen. Nun was heißt aber das: geduldig sein und dabei leidenschaftlichen Gemüts? Es will nichts anderes sagen als schöpferische Phantasie besitzen. Und daß der wahrhaft Liebende schöpferische Phantasie besitzt, das zeigt sich eben in demselben Augenblick, wo er zu lieben beginnt.«

»Noch immer nicht, lieber Freund, noch immer nicht sehe ich ein, inwiefern wir, wir Auserlesenen des zwanzigsten Jahrhunderts, darin einen Vorzug haben. Ihre Argumente genügen mir nicht; ach, in Argumenten bin ich so ungenügsam wie in allem andern. Es gab eine Zeit, da war die Liebe ein Ereignis, ein Abenteuer, ein Wunder, ja, ein Wunder war sie, und heute? Ist für Sie oder für Ihre

Altersgenossen, ist für Mann oder Weib die Liebe noch ein Wunder? Dies große Unbegreifliche, dies ... nun dies Wunderbare –? Nein, nein, nein Oder kenne ich uns nicht? Kenn ich nicht meine Zeit? Sind die Augen einer Frau befangen? Verwandeln sich die Erlebnisse einer Frau nicht in ein Erkennen? In diesem Punkt ist eure Gerechtigkeit, eure berühmte Männergerechtigkeit nichts wie aufgeschmückte Philosophie und Ausrede. Wo das Wunder nicht ist, was soll da die Phantasie? Was sollen Flügel, wo keine Luft ist, die sie trägt? Vom Adler erzählt man, daß er sterben muß, wenn er nicht mehr fliegen kann; zu gehn vermag er nicht, also muß er sterben. Ihr gleicht nicht den Adlern, ihr Männer, ihr könnt auch gehn und macht euch vor jedem Jäger aus dem Staub.«

»Das Wunder Das Wunder der Liebe Wie das klingt, Faustina Wie aus einem Roman der George Sand. Die Sache ist wirklich die, daß uns die Liebe gar kein Wunder mehr bedeutet.«

»So? Und warum, wenn man fragen darf? Lassen Sie mich den Grund hören; ich bin neugierig und im voraus voller Widerrede, denn daran hängt mir ein Stück Herz.«

»Nein, die Liebe als Phänomen ist für uns kein Wunder im Sinn von 1750 oder 1820, wo der Liebende sich in der Erlesenheit seines Gefühls spiegelte, an seinem Gefühl fast zum Narziß wurde. Der Grund, weshalb dem nicht mehr so ist, besteht darin, daß wir einerseits zu wissenschaftlich, andrerseits zu historisch dazu empfinden. So trocken herausgesagt, schmeckt das nach Pedanterie, aber wir sind uns ja der Ursachen nicht bewußt. Zu wissenschaftlich: nicht nur, weil wir es in Büchern lesen oder weil wir es in der Natur beobachten oder weil uns jeder Vorgang des Lebens darüber belehrt, sondern weil uns die Überzeugung oder besser ausgedrückt die Anschauung in Mark und Knochen sitzt, daß alles, was da atmet, wird und wächst, ein und demselben Gesetz gehorcht, daß ein Band der Liebe sich um alle Wesen schlingt, ein Trieb der Zeugung, ein Wille, Schöpfer zu sein, den Tod zu besiegen, alle und alles bis ins

Innerste durchdringt. Zu historisch darum, weil unser Geist in keinem Fall berauscht und egoistisch am Augenblick hängt, weil wir voll sind von Vergangenheit, von immanenter Erfahrung, weil das Geschick einzelner sowohl wie ganzer Geschlechter, ja der ganzen Gattung beständig und ohne daß wir dessen gewahr werden, zu uns redet und unsere eigenen Wege deutet. So wenig uns ein Gewitter in abergläubische Furcht versetzt, so wenig also wird uns das Ereignis großer Liebe wunderbar dünken; beides kommt ja aus der Natur, beides ist im Entstehen und Vergehen gegründet. Nun jedoch tritt das Seltsame ein: Im Großen, in allem Katastrophalen der Existenz haben wir aufgehört, Wunder und Begünstigung, Geheimnis und persönliche Verschuldung zu erblicken; im Kleinen aber, im Alltäglichen des Tuns und Betrachtens wird uns ein jedes Ding verwunderlich. Höchst bezeichnend ist es, dies Wort: sich wundern. Wir verwundern uns eigentlich unaufhörlich. Es erstaunt uns der Wurm, es erstaunt uns der Sternenhimmel, es erstaunt uns der Apfel, es erstaunen uns Berg, Strom und Wasser. Es erstaunt uns der Bettler, und es erstaunt uns der reiche Mann, es erstaunt uns der Mörder und es erstaunt uns der Dichter, es erstaunt uns der Tapfere und erstaunt uns der Feigling. Das macht, weil wir in allen diesen die Notwendigkeit entdeckt haben, das Gefühl für die Unbedingtheit ihres Seins und damit in letzter Linie die Schönheit, die ihnen eigene Form der Schönheit. Wie ehedem von einem Pantheismus könnten wir von einem Panhumanismus sprechen oder besser von einer Allwesenheit. Es ist uns alles menschlich geworden, kreatürlich geworden, – zugehörig. Daß sich dadurch die Quellen der Freude um ein Unermeßliches vermehrt haben, ist klar, und das Reich der Schönheit ist, wie Christus vom Reich Gottes sagte, in uns. Das Reich der Liebe auch. Und wenn wir nun die ganze Welt dermaßen in uns haben, wenn unsere Sinne sie unaufhörlich besitzen, so folgt daraus doch für die Sinne selbst, daß sie auf ein Begrenztes, auf ein Gehaltvolles, auf ein Zweck-und Zielvolles gewiesen sind, daß sie mutiger, sicherer und stolzer geworden sind und daß ihr unentbehrlichster Verbündeter, weil sie von Anschauung, von Ahnung, von Begreifen, von Andacht, von Weltgefühl genährt werden, die Phantasie ist. So ist es auch in der Liebe. Die Sinnlichkeit ist darum nicht mehr auf den Körper beschränkt, sie will nicht erobern und nicht verführen; von galanten Künsten braucht sie überhaupt nichts zu verstehen, denn sie sucht nichts weiter als Übereinkunft. Sie überlistet nicht, weil sie wertet; sie enthüllt nicht den Leib, sondern die Seele, ja, sie ist ganz und gar auf solche innere Enthüllungen angewiesen, und eine Form gibt ihr nichts, wenn der Form nicht ein Inhalt entspricht. Eifersucht ist ihr deshalb ein unfaßbarer Begriff, denn gerade die Einmaligkeit, die unwandelbare Gesetzmäßigkeit, darauf beruht sie. Es ist keine Regung in ihr, die nicht, mit einem Wort gesagt, auf Verständigung beruhte. Damit sind wir wiederum bei der Phantasie angelangt, denn Verständigung hat ja keine andere Wurzel als die geistige Macht des Menschen, die Phantasie.«

»Sie springen etwas willkürlich mit der Phantasie um, mein Bester«, bemerkte Faustina kühl.

»Tu ich das? In der Tat, ich schreibe der Phantasie eine weitaus größere Rolle zu als es sonst geschieht. Erst mit ihrer Hilfe sind wir fähig, die Seelen anderer Menschen zu erfassen. Viele Eigenschaften, die man nur zu leicht als Laster anzusprechen geneigt ist, sind lediglich in einem Mangel an Einbildungskraft begründet. Der Geizhals, der Hoffärtige, der Grausame, der Nörgler, der Denunziant, der Selbstzufriedene, der Gottesleugner usw. – was sind sie anders als Phantasielose oder – Phantasten, was beinahe dasselbe ist. Gewisse Worte müßten uns töten, wenn nicht die Einbildungskraft wäre, die sie zu Luft und Schall zerstieben läßt. Haben Sie das nie erfahren, Faustina?«

»Ich hab's erfahren, wahrlich.«

»Und gäbe es Verzeihung für erlittene Beleidigungen ohne die Phantasie? Nein. Der Mensch ist rachsüchtig, die Phantasie veredelt diesen Impuls. Ein solcher Mensch ist nun nicht mehr lasterhaft.

Man kann getrost sagen: wer echte Phantasie besitzt, der ist tugendhaft. Wenn Sie nun der Sinnlichkeit die Phantasie nehmen, was bleibt dann übrig? Wenn ich liebe, und mein sinnliches Verlangen ist ohne Phantasie, so bin ich wie einer, der in absoluter Finsternis gefangen ist, ja, es ist möglich, daß ich dadurch dem Wahnsinn verfalle. Erst durch die Phantasie erhält meine Begierde die Weihe, die Süßigkeit, die Schönheit, den Mondglanz der Bezauberung und jenen Tropfen von Melancholie, ohne den eine Leidenschaft nicht beseelt erscheint. Sinnlichkeit ohne Phantasie ist nichts als der traurige Zweikampf zweier Wesen, die einander unbewußt zu vernichten trachten. Freilich, es gibt im Leben nicht bloß das eine oder das andere; die Leiden und Irrungen, die ein unvollkommener Zustand mit sich bringt, bleiben schließlich wenigen erspart. Wie oft sieht man Eheleute oder Liebesleute im Streit Wie manche Ehe, die durch die Liebe getragen schien und nur noch durch Gewohnheit und bürgerliche Rücksichten befestigt ist, schleppt sich mühselig hin unter Hader, Zank und Mißverständnissen Männer, sonst gerecht und vornehm, Frauen, sonst zärtlich und nachsichtig, vergessen sich; sie werden zu Tieren, die auf einander Jagd machen, sich einander Wunden zufügen, harte Worte wählen, Worte wie geschliffene Messer, mit übertriebenen Beschuldigungen die Achtung untergraben, die jeder vom andern billig verlangen muß, und ohne die Haltung sind, die sie auch dem Gleichgültigen gegenüber zu wahren wissen. Es sind das häßliche Szenen, und häßlich sind sie, weil solche Menschen aller Phantasie bar sind, weil sie nicht vermögen, die Armseligen, über den Augenblick hinauszudenken, weil der Augenblick in ihnen stärker ist als das Herz, als das Schicksal, als Tod und Ewigkeit. Ja, so sind die Phantasielosen, sie leben nur von Augenblick zu Augenblick, sie schwingen nur in den Intervallen, der Augenblick selbst ist ihnen nichts.«

»Das alles ist mir zu allgemein«, sagte Faustina. »Teils zu allgemein, teils zu kategorisch. Ich kenne Verhältnisse, deren Beschaffenheit mit der Phantasie gar nichts zu tun hat, oder ich müßte den Begriff der Phantasie zu weit ausdehnen. Nehmen Sie an, eine geistig bedeutende Frau liebt einen Gimpel; oder ein Mann von Genie liebt eine gewöhnliche Gans. Das kommt doch häufig genug vor, sollt' ich denken. Und wie einfach sind diese Beziehungen, mein Gott, wie einfach Ihr A und O ist eine natürliche Sinnlichkeit und bieten sie nicht meist größere Gewähr für ein dauerndes Glück als jene feinnervigen Bündnisse, in denen doch alles auf Eigenschaften gestellt ist, und nicht auf das Ganze der Kreatur? Man muß einander nicht gar zu gut verstehen in der Liebe; ein wenig Fremdheit tut not. Wir Leute, wie wir da sind, wir verstehen einander zu gut und mißverstehen uns deshalb so oft. Den Leibern, finde ich, ist die allzugroße Vertrautheit der Seelen von Übel. Sie verletzt die Schalkhaftigkeit.«

»Die Schamhaftigkeit? Inwiefern?« »Das leidet gar keinen Zweifel. Je größer die seelische Verfeinerung wird, je größer wird auch die Schamhaftigkeit. Es ist ein heikles Thema, und irgendein Schriftsteller meint mit Recht, daß es schon schamlos sei, über die Schamhaftigkeit zu sprechen oder was jemand darüber sagt, anzuhören. Je tiefer man in den andern hineinschaut, je mehr ist man geneigt, das, was in ihm vorgeht, zu überschätzen, je mehr fürchtet man den andern oder fürchtet sich selbst, je mehr versteckt man sich, ja ich habe es erlebt, daß solche Menschen aus lauter Zartfühligkeit und Hellseherei sich die Möglichkeit harmlosen Daseinsgenusses untergruben.«

»Aber was hat das mit der Schamhaftigkeit zu tun?«

»Sehr viel Wenn die dunklen Zustände und Vorgänge in der Brust dermaßen ans Licht gezerrt werden, daß der Mensch sozusagen in sich selber kein Heim mehr hat, wo er sich mit seinem Verschwiegensten bergen kann, so muß ihm doch allmählich dabei zumute werden, als ob man ihn entblöße und an den Pranger stelle. Ich, ich für meinen Teil, fühle mich durch das beständige, wachsame Verständnis eines andern, und sei er das geliebteste Wesen, ganz und gar an den Pranger gestellt, und ich sage Ihnen auch, daß mir jene Frauen, die man unverstandene zu nennen beliebt, mir, mir für meinen Teil, immer nur schamlos erschienen sind. Das wären die einen. Dann sind jene, bei welchen die Schamhaftigkeit sich ins Krankhafte steigert und die in einer so dünnen Luft leben, daß ihnen das gesund Sinnliche zum Ekel wird. Ich hatte einst eine solche Unglückliche zur Freundin; sie war die schamhafteste Natur, wurde aber bisweilen von einem förmlichen Enthüllungswahn verfolgt, und indem sie sich preisgab, unterlag sie einem Zwang, der sie etwas ausüben hieß, was ihrem wahren Wesen gerade entgegengesetzt war. Da war kein Halt, keine Haltung, und als sie eines Tages liebte, versagte sie sich dem betreffenden Mann, weil sie überzeugt war, daß er nur ihren Körper liebe und nicht die Seele. Ist das nicht schauerlich? Ein einziges, grobes Mißverständnis des Lebens?«

»Freilich; es gibt Frauen genug, die in dieser Hinsicht einem unheilvollen Irrtum und Unbegreifen verfallen sind«, erwiderte ich. »Der unheilvollste Irrtum, den sie begehen können, ist aber, wenn sie aus ihrer Art der Schamhaftigkeit und deren Überwindung einen Begriff der Treue folgern, der für sie Gesetz und Notwendigkeit, für den Mann aber eine Freiwilligkeit ist. Diese Freiwilligkeit wieder einer höheren Notwendigkeit unterzuordnen, das ist die Tat des liebenden Mannes, eine Handlung, die von seiner Kultur, von seiner Selbstbeherrschung, von seinem Schönheitsempfinden abhängt. Die Frauen besitzen nur die Scham des Geschlechts; die Keuschheit einer Nonne und die Verderbtheit einer Dirne sind nur verschiedene Wirkungen ein und derselben Kraft, ähnliche Zustände mit verschiedenen Hemmungen. Dem Mann ist eine andere Schamhaftigkeit eigen, eine übersinnliche, ich möchte sie die Scham vor Gott nennen, und er kann sie nur verlieren, wenn er sich selber vor Gott verliert. Wir haben demnach das Schauspiel eines beständigen Krieges zweier dem Grund und der Beschaffenheit nach völlig unähnlicher Arten der Schamhaftigkeit, und während eine Frau die ihre sozusagen wörtlich nimmt, sie trägt oder abwirft wie man ein Kleid trägt oder abwirft, verheimlicht der Mann die seine, denn ihm ist sie nur ein Symbol. Niemals darf die Frau sich einfallen lassen, das Symbol in die Wirklichkeit zu zerren, etwa eine Forderung daraus zu machen.« »Das sagt – ein Mann« rief Faustina. »Ich muß Sie schon sehr hoch einschätzen, lieber Freund, wenn ich das nicht anmaßend finden soll. Klipp und klar gesprochen heißt das doch: die Liebe des Weibes ist eine Realität, die des Mannes ein Symbol. Oder nicht?«

»Ausgezeichnet formuliert, Faustina.« »Na, schön. Ich will dagegen nicht streiten, weil es ins Grenzenlose führt. Ich sehe nur so viel, die tägliche Erfahrung beweist es mir, daß diese Realität keinen Bestand und dieses Symbol keine Bedeutung hat. Flausen, Flausen, nichts als Flausen Symbol Ist es vielleicht auch symbolisch zu nehmen, wenn Nietzsche den köstlichen Satz ausspricht: Gehst du zum Weibe, so vergiß die Peitsche nicht? Ein Wort, das man bejubelt hat, mein Lieber Das Wort eines großen Mannes, eines Erleuchteten An solchen Geistesblitzen freilich wird alles Verständnis zuschanden. So denken Schlächterburschen.«

»Sie erbittern sich mit Unrecht, Faustina. Gewiß, es ist eine falsche Athletik in diesem Satz –«

»– und die falsche Athletik hat Anhänger weit und breit«, unterbrach mich Faustina. »Schwächlichkeit und falsche Athletik, man weiß nicht, wogegen man sich heftiger zur Wehr setzen soll. Der falsche Athlet hat ein summarisches Verfahren, der Schwächling ist ein psychologischer Ziseleur. Ich bin unsicher, wer von beiden mir gründlicher verhaßt ist, denn beide teilen die Welt nach Artikeln auf, sie errichten Mauern zwischen den Geschlechtern, sie gebärden sich, als ob es zwischen Mann und Weib, zwischen ihrer Idee von Mann und Weib nichts gäbe, nichts als einen Abgrund, als wüßten sie nicht, daß das große Leben ein wohltätiges Ineinanderfließen von Erscheinungen, ein Zerstören von Endgültigkeiten, ein ewiges Gleiten, Abstufen, Teilen und Wiederteilen ist Bester Freund, sperren Sie mich doch nicht ein für allemale in die Rumpelkammer der ‹Realität› Denken Sie daran, daß auch ich geliebt habe Ja, wirklich, wirklich geliebt Beweisen kann ich nicht, daß es mehr war als ein Irdisches, Erdgebundenes, an Zweck und Zeit und Augenschein Gebundenes, aber dafür kann ich beweisen, daß der andere, der Partner im Spiel, keinen Einsatz wagte, der die Mühe verlohnte zu kämpfen, beweisen kann ich, daß seine Liebe – und er liebte – nur unzulänglich war, also nicht bis zu dem Punkt reichte, wo eine symbolische Kraft das Flüchtige des Lebens festhält. Aber weshalb so hohe Worte? Napoleon tat auf Sankt Helena den ungeheuerlichen Ausspruch: Ein solcher Schurke kann kein Mann sein als ich von ihm glaube, daß er einer ist. Fast jede Frau kann dasselbe von ihren Erfahrungen in der Liebe sagen, vorausgesetzt, daß sie nicht ein blindes Tierchen ist. Ihrer Methode gemäß werden Sie mir wahrscheinlich entgegenhalten: du hast eben nicht zu wählen verstanden. Ja, um Gottes willen, wenn der sich nicht bewährt, den ich ab den besten erkenne, wozu schlägt dann mein Herz, warum denke und fühle ich dann? Entweder muß ich demnach mein Leben in der Wurzel verneinen oder Ihre ganze Weisheit wird mir zum Sophisma. Da ist ein Mann, der mich anbetet; es erscheint mir zweifellos, daß ich ihm viel, daß ich ihm alles bin, ich ergebe mich, verbünde mich ihm, und da muß ich entdecken, daß er nur zu werben versteht, zu besitzen, den Besitz zu verteidigen, zu bilden, zu erhöhen, dazu ist er nicht fähig. Oder ein anderer Fall: da ist ein Mann von Geist, Gemüt, Talent, aber er lebt in tiefem Elend. Das Mitleid nähert mich ihm, es gelingt mir einen wahren Sturm der Energie in ihm zu entfesseln, die Liebe zu mir trägt ihn empor, das Schicksal begünstigt ihn, aber er kann es nie verwinden, daß diejenige, die er liebt, auch seine Helferin war, er selbst gesteht mir seine Scham und alles scheitert an einer Grille.«

»Und was taten Sie?«

»Was sollt ich tun? Ich ließ ihn seiner Wege gehen. Ist es etwa diese Scham, die Scham, nicht mehr der Mächtige zu sein, die Sie symbolisch nennen?«

»Der Mann hatte vielleicht nicht viel zuzusetzen, deshalb raubte diese Scham seiner Liebe die Kraft«, antwortete ich. »Es kommt nur darauf an, was einer zuzusetzen hat, und für den Mann ist in der Liebe tatsächlich alles nur eine Frage der Macht. Mitleid ist ein Feind der Liebe, Mitleid zerstört die Gleichberechtigung, geradeso wie ein ausschließliches ästhetisches Wohlgefallen; jenes schafft eine zu große Nähe, dieses eine zu große Ferne. Der Bemitleidete und der Bewunderte atmen nicht dieselbe Atmosphäre mit demjenigen, der Mitleid oder Bewunderung hegt, und sie sprechen nicht in derselben Sprache zueinander. Aber es gibt Mittel, den Zwiespalt zu überbrücken, und die Frau ist es, die in dem einen wie im andern Fall ausgleichend zu wirken vermag, und zwar durch die göttliche Eigenschaft der Sanftmut. Sie, Faustina, sind nicht sanft genug.«

»Nicht sanft genug Das wurde mir schon einmal gesagt. Wenn ich sanft wäre, wurde gesagt, hätte ich weniger Anlaß, mich über das Leben zu beklagen.«

»Oder über die Liebe. Das ist meine Meinung.« »Sanftmut Die schätzbare Gabe, stumm zu bleiben, wenn man getreten wird, und nur zu seufzen, wenn das Herz bricht, die nennt man Sanftmut, die nennen die Männer Sanftmut. Und weil sie ihnen die bequemste Eigenschaft am Weibe ist, darum wird sie gepriesen. Wer aber Augen hat und sieht, und vieles sieht und Blut, das sich erhitzt, und eine Faust, die sich ballen muß, der kann nicht sanft sein.«

»Gemach, Faustina. Sie erinnern mich ein wenig an den Knaben, den man fragte, wer tapfer zu heißen sei, und der darauf entgegnete, tapfer sei, wer nicht davonlaufe. Sanftmut ist nicht Nachgiebigkeit, nicht Unterwürfigkeit, nicht Schweigsamkeit. Sanftmut ist der Ruhe des Feldherrn zu vergleichen, oder der Besonnenheit des Künstlers.

Sie ist nicht eine Schwäche, sondern eine Kraft. Sie ist in der Liebe die eigentliche Kraft des Weibes, ihre Waffe wie ihr Schutz. Sie ist nicht an ein bestimmtes Temperament gebunden, dem cholerischen kann sie gegeben, dem melancholischen kann sie versagt sein. In jedem Tun und Lassen drückt sie sich aus: in der Freude, in der Angst, in der Trauer und im Schmerz, im Blick und im Schritt. Sie ist geradezu ein Rhythmus des Lebens. Das Lächeln der sanften Frau ist unwiderstehlich, die sanfte Frau ist niemals häßlich. Nun ist freilich die echte Sanftmut beinahe ebenso selten wie die Liebe, und leider muß man konstatieren, daß sie immer seltener wird, je mehr die Erregbarkeit der Nerven wächst, je mehr auch die Frauen von Liebe und über die Liebe wissen, und je weniger sie Liebe fühlen. Denn die Liebe der Frau ist hauptsächlich auf ein Elementares, auf ein schönes Unbewußtes gestellt. Da gibt es Frauenrechte und Frauenberufe, man bildet Körperschaften und veranstaltet Versammlungen. Dabei mag viel Nützliches entstehen, aber für die Sanftmut ist alles zu fürchten. Haben Sie nie den Unterschied bemerkt zwischen dem Geschmack einer Birne, die frisch vom Baume kommt, und einer solchen, die schon unter vielen andern Birnen auf dem Speicher gelegen war? Ein solcher Unterschied herrscht zwischen der Frau als Einzelwesen und der Frau, die sich sozial betätigt.«

»Sie mögen ja recht haben«, antwortete Faustina. »Aber am Birnenbaum hängen viele Birnen. Sollen die Birnen also warten, bis die Leckermäuler anspazieren, um die schönsten zu verspeisen? Die übrigen können warten; sie müssen verfaulen und ins Gras fallen, wie? Um der Sanftmut willen. Danke schön. Wir haben nicht Konsumenten genug, wir armen Birnen, wir müssen unterzukommen trachten. Ihr wollt uns rein, ihr wollt uns engelhaft, ihr wollt, daß jede sich für einen Messias aufspare, aber ihr, ihr wollt nichts entbehren, keinem Gelüst die Befriedigung vorenthalten, keinem Appetit die Stillung. Und der Messias, der sich schließlich bei uns einstellt, ist entweder ein unreifer Fant, der nicht weiß, was er in Händen hält und seinen blinden Jünglingsrausch austobt, oder ein kritischer Herr, der sich wieder trollt, wenn das Birnchen einen Flecken hat.«

»Das ist wohl wahr, Faustina, praktisch genommen ist es wahr, und daß ihr Grund habt, euch selbst zu schützen, kann nur einem Dummkopf verborgen bleiben. Jedoch von einer höheren Zinne betrachtet, liegen die Dinge anders. Die Natur will nicht, daß man ihr zuvorkomme. Sie will nicht, daß ihr heiligstes Gesetz, das Gesetz der Auslese, umgestoßen wird, und wenn es trotzdem geschieht, rächt sie sich durch die Hervorbringung lebensuntüchtiger Geschöpfe. Ist Ihnen bekannt, daß zum Beispiel unsere Jagdvorschriften der Rassigkeit und Widerstandsfähigkeit des Wildes, besonders des Edelwildes, erheblichen Abbruch tun? Wir haben Frauen, die gezwungen sind, einen Beruf zu ergreifen; ohne Pathos tun sie es, verdienen ihr Brot; andere sind mit Intelligenz und Scharfsinn am Werk, um soziales Elend zu mildern. Wer hätte dagegen etwas einzuwenden? Das Schicksal des Individuums wird mir immer Teilnahme einflößen, ob es eine Nähmamsell oder eine Fürstin ist; Massenbestrebungen aber, wenn sie der unmittelbaren Leidenschaft des Erlebnisses entbehren, lassen mich natürlich kalt. Das Wesen der Frau deutet mehr als das des Mannes auf Vereinzelung; ich habe immer gefunden, daß die edlere Art der Frau sich nur kraft dieser Vereinzelung bewahrte, und daß sie sich zur Vervollkommnung der Rasse gar nicht teuer genug bezahlen läßt.«

»Und wenn dem so wäre«, versetzte Faustina, »was hülfe es? Ist denn die Frau nicht immer willfährig zum Besten, wo der Mann das Beispiel edler Initiative gibt? Was frommt aber der Natur, was hilft selbst Gott das Gesetz der Auslese, wenn ihm das Gesetz der Trägheit entgegensteht?«

»Der Trägheit ... Schon vorhin haben Sie das Wort gebraucht. Sie sagten Trägheit des Herzens.«

»Ja. Trägheit des Herzens.«

»Trägheit des Herzens ist eine von den sieben Todsünden, soviel ich weiß.«

»Sie ist die einzige Todsünde, die es gibt.«

»Sie verbergen also einen großen Sinn dahinter, so etwas wie eine Idee.«

»Einen großen Sinn, da haben Sie recht, einen schmerzlichen Sinn. Das Gute, das ich will, das tue ich nicht, sondern das Böse, das ich nicht will, das tue ich, heißt es in einem Brief des Paulus an die Römer. Da ist ein Erkennen; das Gefühl trotzt dem Erkennen, beharrt auf dem falschen Weg; oder da ist ein Gefühl, ein großes, ein wahres; und doch, es läßt sich betrügen, es läßt sich verwirren durch Rede und durch Denken. So entsteht Trägheit des Herzens, und ist selber noch ein Tieferes, ein Schwereres, ein Dunkleres, ein Schuldigeres. Es gab Zeitläufte, wo die Menschen mehr ihren Trieben Untertan waren, barbarische, kriegerische, im großen und ganzen auf eine Sache, auf ein Ziel gestellte Zeiten. Da konnte Trägheit des Herzens für eine Sünde gleich andern gelten, gleich Geiz oder Neid oder Habsucht. Heute ist der Mensch zur Rechenschaft gezogen, heute ist jeder sich selbst verantwortlich, nicht die Religion, nicht Himmel und Hölle darf er zur Ausrede und Ausflucht machen, in seiner Brust muß er sein Schicksal suchen. Da wird Trägheit des Herzens zur Kardinalsünde, und wie es nun ist, diese Sünde liegt auf uns allen wie Gewitterlast. Fordern Sie Beispiele? Wo soll ich anfangen? wo enden? Vorübergehen, wenn die Stimme des Gemüts zum Bleiben mahnt, bleiben, wenn sie verlangt, daß ich weitergehe; die Augen schließen, wenn es gilt zu sehen, und schweigen, wenn es gilt, Partei zu nehmen; urteilen und verdammen, wenn vieles davon abhängt, zu schweigen und Milde zu üben; den reinen Sinn betäuben; den unreinen zu falscher Tat stacheln, Zwecke wollen, wo keine sind; nach Gerechtigkeit streben und der Liebe vergessen; Liebe beanspruchen, ohne sie zu geben; genießen wollen und nicht bezahlen ; von Gott reden und den

Teufel im Innern füttern, Ideale aufrichten und einen armen Schuldner vor Gericht zitieren; in Musik und Dichtung schwelgen und vor den kleinen Menschenpflichten die Flucht ergreifen; Freundschaft preisen und den Freund verleugnen; Philosoph sein und den Dienenden mißhandeln, den Genius herbeiwünschen und, wenn er sich zeigt, ihn schmähen und in den Kot zerren, alles dies, all dies Vergessen, all dies Wissen und Nicht-Tun ist Trägheit des Herzens. Ach, wie schön ist das Herz zu wie vielem fähig wie viel vermag es Und Liebe, das Herz des Herzens, wie wird sie mißachtet, mißbraucht, vergewaltigt und zertreten Wie ummauert sind alle Herzen, wie wenig mag ein jedes sich verraten, und wie schnell und bereitwillig das des anderen Wir reden da von Liebe, von Liebe, und wo ist sie, die Liebe? Ein Symbol soll sie sein, ein seltenes Phänomen, ich aber möchte sie haben, sehen möchte ich sie Zeigen Sie mir einen Liebesbegeisterten, zeigen Sie mir einen Verschwender der Liebe Die Liebe, von der ich weiß, war immer nur ein zartes Pflänzchen, es ertrug die Lebensstürme nicht, versteckte sich vor der Sonne und kroch in labyrinthisch verschlungene Tiefen, weitabgewandt, der Nacht zugewandt. Ich fragte einmal einen Mann, ob seine Geliebte schön sei. Schön, das könne er nicht behaupten, sagte er, aber alles an ihr sei charakteristisch. Ei, erwiderte ich ihm, Sie sind ein ganz famoser Zeitgenosse. Charakteristisch Ein niedliches Wort Man müßte es in eiserne Lettern gießen und auf den Schandpfahl des Jahrhunderts nageln. Alles ist so charakteristisch, so individuell, so besonders, so künstlich, so ins Kleine zerspalten, ins Geistige verdünnt, so scheu, so furchtsam, so wissend und so unsicher in jeglichem Gefühl. Was ist da um Gottes willen noch zu hoffen, Freund Was kann ein volles Herz noch für sich hoffen? Es gibt nur eines; nur eines gibt es: sich bescheiden.«

»Es gibt noch ein zweites, Faustina, ein größeres.«

»Und das wäre?«

»Die Freude an der Erscheinung. Beklagenswert ist allerdings der Druck, unter dem wir leben, das seltsam fatalistische Dahinrasen. Das Dasein wird immer scheinhafter, seine kurze Dauer wird uns immer schmerzlicher bewußt, und wer Sinn und Liebe sucht, kann wohl in ungemessene Verzweiflung stürzen, wenn ihn dies eine nicht rettet: zu schauen. Dem Schauenden enträtselt sich die Welt; ihm entwirrt sich jedes Dunkel; er legt seine Hand auf Gräber und sie werden zu Altären, er wandelt durch Schneegestöber und er spürt den Frühling, er ist verlassen von den Freunden und er lebt mit der Menschheit. Daß die Dinge da sind, daß ich sie besitze, daß Schöpfer und Geschaffenes mein sind, daß das Leben, soweit es denk- und fühlbar ist, in mir steckt, daß es nichts gibt, nicht das kleinste Denk- und Fühlbare außerhalb des Lebenskreises, und daß mir das Ungeheure wie das Unscheinbare, Hohes und Niedriges, der Festzug des Kaisers und das Vorüberflattern eines Schmetterlings, daß mir Schönheit und Häßlichkeit, Liebe und Haß, Selbstentäußerung und Trägheit des Herzens, daß mir alles dies zur Erscheinung wird, das kann mich retten.«

»Mit einem solchen Quietismus will ich mich nicht beruhigen«, antwortete Faustina düster.

»Wenn das Quietismus wäre, dann wäre der Erdball nicht mehr imstande, seine Bahn um die Sonne zu laufen. Glauben Sie doch nicht, Faustina, daß ich mich damit freispreche von menschlichem Tun oder mich des mitstrebenden Herzens entledigen wollte. Es ist kein künstlerisches, kein ästhetisches Prinzip, sondern durchaus ein religiöses, durchaus ein göttliches. Wie in der Liebe durch ein höchst instinktives und beseligtes Erkennen Vorzüge und Fehler des andern zu einem anbetungswürdigen Bild vereinigt werden, so und nicht anders ergeht es dem Schauenden mit der Welt. Er hat alles innen; alles was außen ist hat er innen; ihm ist nichts verloren, ihm ist alles gegenwärtig. Er gibt sich hin, er gibt sich aus, aber er wirft sich niemals weg, denn wie er das Leben besitzt und wie er Gott besitzt, so besitzt er sich selbst. Und das, Faustina, ist das Große: sich selber besitzen. Dann besitzt man auch die Welt, dann besitzt man auch die Menschheit; die andern, die sich zu jeder Stunde wegwerfen, die besitzen nichts und niemanden. Nur die Erwartung der Liebe täuscht sie mit der Hoffnung auf Besitz.«

Faustina hatte den Kopf abgewandt und schwieg. Eine lange Zeit verging im Schweigen und die Freundin hielt beständig den Kopf abgewandt. Die gesprochenen Worte erzeugten eine doppelte Stille. Es war weit über Mitternacht, als ich mich zu gehen anschickte. Mit starrer Miene reichte mir Faustina die Hand. Sie sah mich an, und wundersam, ihr Auge war voll Frage wie das eines kleinen Mädchens.

Sehr gern hätte ich Faustina wiedergesehen, aber als ich zwei Tage später in die Wohnung kam, wurde mir gesagt, daß sie abgereist sei.